Impr. LANGE LÉVI et Ce, rue du Croissant, 16.

LA NATION

LE GOUVERNEMENT

ET

LA PRESSE.

PÉTITION

A MM. LES MEMBRES COMPOSANT LA CHAMBRE DES DÉPUTÉS.

> Un pouvoir, quel qu'il soit, qui souffre la licence,
> Compromet le pays et sa propre existence ;
> Toutes les passions déchaînant leurs fureurs,
> Font naître l'anarchie et toutes ses horreurs !

PAR E. L. S.......

PARIS

DÉPOT CHEZ M. BORDAS, RUE SAINTE-AVOYE, N. 24.

—

1840

LA NATION

LE GOUVERNEMENT

ET

LA PRESSE.

PÉTITION

A MM. LES MEMBRES COMPOSANT LA CHAMBRE DES DÉPUTÉS.

MESSIEURS LES DÉPUTÉS,

L'immense majorité des Français, dignes de ce nom, dont j'ose ici me rendre l'interprète, s'effraie avec raison du danger imminent dont nous menace, depuis trop long-temps, une poignée d'écrivains mercenaires qui, sous l'égide d'une liberté qu'ils profanent, font métier et marchandise des maximes les plus dangereuses en exploitant les plus viles passions, la jalousie, l'envie, la haine et les utopies de trop de gens chez nous, auxquels la paix, l'ordre, la stabilité et une sage liberté donnent une fièvre délirante, de ceux aussi qui, sans respect pour les lois divines et humaines, sont altérés d'une gloire au baptême de sang, que les progrès de la civilisation et les leçons d'une dure et longue expérience n'ont pu et ne pourront jamais calmer la soif qui les dévore, et de ceux enfin qui, n'ayant jamais pu, ni su se faire de position par le déréglement de leur conduite, sont toujours disposés à accuser le pouvoir, quel qu'il soit, d'être l'auteur de leur déconfiture, et pour lesquels le changement est un rêve d'or.

Ai-je besoin, Messieurs, de vous faire le triste tableau des maux sans nombre qui nous torturent, nous tyranisent, nous déshonorent et entravent sans cesse notre gouvernement dans la marche qu'il s'est si glorieusement tracée vers l'intérêt général, par le fait de cette infâme licence effrénée de la presse incendiaire, pour qui rien n'est sacré, et qui, par son débordement toujours croissant, malgré la force immense et morale et physique de la monarchie, doit, à n'en pouvoir douter, en minant ainsi sa base, peu à peu en détruire de fond en comble tout l'édifice.

Détruisant la religion et toutes les hiérarchies sociales.

Corrompant la classe du peuple par les maximes exécrables de Babœuf, l'excitant à la violence et à faire un coup-d'état populaire, et la portant au régicide et à l'assassinat.

Prodiguant chaque jour avec le cynisme le plus révoltant, l'injure et la diffamation aux citoyens les plus honorables qu'ont illustrés des services rendus à notre pays ; jusqu'à violer le sanctuaire de leur vie privée, sans plus de respect pour leur grand âge et leurs infirmités ; poussant l'impudeur jusqu'à ne pas plus épargner notre digne monarque par d'ignobles et de dégoûtantes caricatures écrites qu'ils l'indiquent du doigt aux assassins.

Oui, Messieurs, ces vils écrivains osent pousser la témérité et leur hardiesse jusqu'à ne pas plus épargner notre digne monarque ! lui, qui par les plus rares et les plus honorables vertus est l'orgueil de notre pays, et qui, par ses hautes capacités dont il nous donna tant de preuves par tout ce qu'il fit d'admirable à travers mille écueils et les plus grands dangers, a tant de droits

à notre admiration comme à notre reconnaissance, et qui sacri-
fia, pour nous préserver de l'anarchie et des malheurs non
moins éminens dont il pouvait seul conjurer l'orage, la plus
douce et la plus heureuse position sociale, jusqu'à son indépendance et sa liberté en échange d'une couronne d'épines.

Accusant le gouvernement de vouloir la paix à tout prix et de
n'agir que sous l'influence et dans l'intérêt des étrangers,
qu'elle insulte gratuitement en les peignant comme des bêtes
fauves prêtent à fondre sur nous, et d'en obtenir l'appui dans
l'intérieur que par la corruption !

Répandant quotidiennement les nouvelles les plus fausses
comme les plus alarmantes qu'elle dit tenir de l'étranger par
un correspondant toujours digne foi, et d'autres, qu'elle an-
nonce comme venant de l'intérieur, non moins fausses qu'ef-
frayantes, dont l'effet immanquable est d'intimider et même
d'arrêter la circulation des capitaux, principalement dans nos
provinces, qui, plus éloignées du centre gouvernemental, sont
plus faciles à s'effrayer, et qui, également trompées dans leur
religion politique, se sont trop souvent jeté dans le parti ex-
trême, et nous ont envoyé pour mandataires des hommes politiques aussi dangereux pour le pays que pour eux, à leur insu
même, qui, grâce à Dieu, qui jusqu'alors a veillé sur la France,
nous eussent fait payer cher, déjà depuis long-temps, leurs funestes utopies, et dont la profession de foi politique à leurs
commettans est en parfaite harmonie avec ceux de la presse incendiaire, sans respect pour la dignité de leurs mandats, ont
fait du sanctuaire de la législature un club de cabaret et une
arène d'injures, et dont les interruptions bruyantes et scanda-
leuses sont allées jusqu'à comprimer la liberté de la tribune.

Censurant avec autant de mauvaise foi que de perfidie les actes
les plus sages comme les mesures les plus prudentes de notre
Gouvernément par une polémique qui soulève le cœur d'indi-

gnation et de dégoût, digne du père Duchesne, pour ne pas dire plus exécrable; déclarant une guerre incessante par la menace et l'injure, et même la violence au petit nombre de journaux, qui, pleins de convenance, de dignité et de respect dans leur polémique, la refusent avec un courage malheureusement trop rare aujourd'hui, tout en signalant l'éminence de son danger.

Invoquant avec tenacité la réforme électorale, qu'elle montre hypocritement comme mesure d'intérêt général et qu'elle sait, à n'en pouvoir douter, devoir servir du levier d'Archimède à l'anarchie, voulant persuader que la fortune exclut le patriotisme.

Non, Messieurs, ce n'est pas à vous à qui l'on fera croire à une aussi monstrueuse absurdité; non, celui qui possède du bien n'ira pas de gatté de cœur voter des lois fiscales dont il serait seul victime, et appeler l'étranger dans son pays, dont il paierait le premier les frais d'invasion; disons plutôt que celui qui n'a rien risque tout, et, à l'exemple de l'honorable M. Bugeaud, excellent logicien, exigeons que celui qui est chargé de porter la lumière dans notre grenier ait son grain à côté du nôtre. Ceci est plus concluant et plus logique que tous les argumens en forme dilatoire de l'honorable M. Barrot, le plus fervent avocat de la réforme électorale, dont la brillante et riche faconde hyperbolique n'a d'autre pouvoir que de flatter l'oreille et de blesser le bon sens.

Enfin la presse incendiaire, excitant les passions à la guerre avec une fureur digne des Cannibales, en accusant de lâcheté ceux dont la louable prudence en redoute les funestes conséquences, et qui savent que celui qui se sert de l'épée périt par l'épée, et que Dieu, qui nous fit à son image, ne nous a pas créés pour nous entr'égorger, et aujourd'hui surtout que nous sommes éclairés par des résultats funestes, que faire la guerre ...

sans un motif plausible, tel que notre véritable honneur attaqué et nos intérêts gravement compromis serait un acte de barbarie et de folie à la fois.

C'est donc au sujet de cette guerrre tant désirée par les fous et les factieux plus encore, que nous venons de voir, par un spectacle fort affligeant, qui fera époque dans nos annales parlementaires, deux longues et interminables séances épuisées en pure perte dans des discussions aussi puériles que fastidieuses et stériles ; et tout cela, pour réfuter un paragraphe de l'adresse en réponse au discours de la Couronne, qui n'était pas, suivant les très honorables de l'opposition, en harmonie avec l'esprit belliqueux de la nation, en accusant l'auteur, aussi savant qu'éminemment bon patriote, de n'avoir pas mis de poudre à canon dans son style. Quelle pauvreté !

Ces tristes débats parlementaires ont fourni, comme vous allez le voir, l'occasion à la presse incendiaire de pousser le cynisme de ses épouvantables doctrines et de ses injures au de là de tout ce que l'imagination diabolique peut inventer de plus infernal.

Qu'il vous suffise, Messieurs, pour bien vous convaincre des égaremens dangereux de la licence de la presse, d'avoir le courage de jeter un coup d'œil sur le premier paragraphe de l'article *Paris* du journal *le National* du 27 du mois dernier qui, rendant compte de la séance de la veille, se sert, pour jeter son venin sur le pouvoir, d'une allusion que son rédacteur emprunte à une scène dramatique théàtrale, aussi clairvoyante qu'une lanterne, dont la plus faible intelligence peut en deviner l'application, où deux fort honorables hauts fonctionnaires y sont, comme d'habitude, traînés dans la boue, et qui va jusqu'à atteindre, qui ? je n'ose pas le nommer ! je vous le laisse, Messieurs, à deviner !

Quel est cet être mystérieux qui passe comme une ombre,

au fond de la toile, enveloppé dans son manteau qu'on est dans l'usage d'appeler traître au théâtre, qui, de la main, fait jouer tous les fils de l'intrigue, qu'on ne nomme jamais et qui n'apparaît que quand le crime est dévoilé et puni ?... Vous conviendrez, Messieurs, qu'il ne faut pas une grande pénétration d'esprit pour deviner qui est cet être mystérieux ! Eh ! bien, mes justes appréhensions ne sont-elles pas bien fondées ? N'est-ce pas là plus que de la licence ? Croyez-vous, Messieurs, qu'avec un tel état de choses aucun gouvernement soit possible ? Et que Napoléon, tout Napoléon qu'il était, eût pu gouverner six mois la France avec un pareil régime, que son pouvoir qui n'avait de force que par le prestige, n'eût pas été promptement détruit ? Oh ! oui, aussi le plus beau titre à sa gloire est d'avoir terrassé l'anarchie et d'en avoir détruit les plus minces rameaux, parce qu'il savait, lui, que l'anarchie est une hydre qu'on ne peut museler et qu'il faut tuer, pour se préserver du venin de sa morsure.

Peut-on être surpris, d'après ce simple exposé, que la presse incendiaire et les sots dangereux osent accuser de trahison l'un de nos plus illustres maréchaux, dont ils voudraient faire un instrument passif de mort, parce qu'il a donné une poignée de main amie, après la paix, à celui avec lequel il a disputé glorieusement les palmes de la victoire ? Est-ce qu'il n'y a pas sympathie entre tous les braves de tous les pays ? Oui, Wellington est aussi un brave et d'une noble générosité après le combat. Moi et tant d'autres pouvons l'attester, et que c'est à tort si on l'accuse d'avoir participé à l'inhumaine et affreuse conduite de l'infâme Lowe envers celui qui fut si long-temps a gloire de notre beau pays, et dont les cendres vont recevoir le témoignage de notre reconnaissance.

Sachons donc reconnaître qu'il n'y a ni honneur, ni gloire à conserver une haine éternelle contre les étrangers qui, avant tout, sont nos frères devant Dieu. Déplorons plutôt que nos imperfections humaines nous poussent trop souvent des deux côtés à blesser les lois divines et humaines qui nous placent au dessous de la bête brute qui sait respecter le sang de ceux de son espèce.

Je vous le demande de bonne foi, Messieurs, où le roi pourrait-il désormais trouver des citoyens capables de rendre des services à l'État, qui aient assez de force morale pour supporter les accusations capitales que vomit la presse incendiaire sur tous ceux qu'honore le choix de la couronne ?

Quoi ! notre belle France, aussi long-temps que justement réputée chez tous les peuples pour le pays modèle de la civilisation, serait par le fait seul de quelques misérables, accusée aujourd'hui par les étrangers d'avoir dégénérée par tout ce qu'ils voient chez nous et de régicides et d'assassinats.

Mais quels sont ces gens-là, mon Dieu, qui prétendent vouloir nous régénérer ? D'où sortent-ils ? Quels sont leurs noms ? Car ils les cachent ! Pour ma part j'en ai connus qui avaient quelques capacités littéraires de Lacenaire et beaucoup de ses défauts qui, par le déréglement de leur conduite et la dissolution de leurs mœurs ont été chercher leur pâture dans l'ordure de la presse.

N'est-il pas bien temps, Messieurs, d'opposer un mur d'airain au débordement de ce fleuve destructeur, en interdisant à ce tas d'industriels politiques le droit qu'ils s'arrogent de nous tyranniser et de nous déshonorer ? Hâtez-vous de profiter de l'opportunité du moment où la majorité est acquise aux principes conservateurs et du vrai progrès. Plus tard elle peut s'amoindrir et tourner du côté de l'anarchie qui la menace ; par la raison que j'ai eu l'honneur de vous soumettre, à force de voir le gouvernement, jusqu'à son auguste chef, insulté aussi gravement tous les jours, avec un acharnement toujours croissant, avec le ton d'assurance que donne l'impunité, beaucoup d'électeurs, jusqu'alors pleins de confiance en lui, pourraient se croire abusés et se jeter dans le parti anarchique sans s'en douter, et nous envoyer pour mandataires des Cabet, et Dieu sait ce qu'il en résulterait.

Ce n'est pas toutefois que l'on doive concevoir la moindre inquiétude sur l'existence de notre monarchie, dont les profondes racines la garantissent des plus violentes tempêtes révolutionnaires; sa force immense est dans l'amour des dignes citoyens qui sont prêts à lui sacrifier au besoin tout, jusqu'à leur vie, et dans le dévouement de notre brave armée; mais il faut, autant que possible, éviter les mesures extrêmes auxquelles serait exposé le pouvoir, s'il se trouvait arrêté dans sa législature.

Au surplus, Messieurs, croyez bien que tous ces flibustiers politiques n'ignorent pas que leur polémique, toute sauvage qu'elle est, ne parviendra jamais à renverser le Gouvernement; ils en seraient même bien fâchés. Ce qui leur convient avant tout, c'est la tolérance qu'on leur accorde; c'est métier et marchandise qu'ils font de leur encre de boue. Il en est de la polémique au salpêtre comme des œuvres dramatiques à la façon de *Vautrin* et du *Roi s'amuse*, dont les auteurs sont toujours certains d'un grand succès d'argent. C'est une vérité dure à dire pour l'honneur de notre espèce humaine, mais il est utile de la dire. Ces dégoûtans journaux aujourd'hui deviennent d'une nécessité absolue même pour la classe infime du peuple, et sont les meubles de fonds pour les plus dégoûtans cabarets.

Voyez tous ces industriels politiques, quand leur polémique infernale a suscité de ces émeutes sanglantes où leurs dupes ont appris à quels maîtres ils avaient affaire, baisser de ton, tout en exhortant la populace à tout attendre du temps, et quelques jours après reprendre leur jactance en accusant l'autorité d'avoir osé châtier les coupables.

Quel fruit a retiré le Pouvoir de sa tolérance, de son angé-
lique patience et de la trop aveugle clémence royale pour les
crimes et délits politiques? C'est de les avoir vu renaître par
la récidive avec plus d'audace et de ténacité, tant il est vrai que
l'impunité enhardit toujours les criminels, et principalement
les factieux, qui toujours l'attribueront à la peur ou à l'impuis-
sance.

Est-ce en face de la colonne de Juillet, Messieurs, que vous
fléchiriez? que les factieux vous montrent comme monument
de leur puissance, et dont les vues basses prennent, comme un
foudre prêt à frapper tous les gouvernemens de mort à leur
volonté, le flambeau de la Liberté, qui ne serait plus qu'une
dangereuse épigramme.

Que les factieux apprennent par vous, Messieurs, que cette
colonne est au contraire le symbole de la puissance de l'immense
majorité d'un grand peuple, en l'honneur de qui elle fut élevée,
que cette majorité, en 1830, a donné les preuves les plus honorables de l'usage qu'elle savait faire de la liberté de la presse,
qui était alors la seule arme dont elle voulût se servir pour com-
battre un gouvernement honteux dès sa naissance, et qui, sans
vouloir lui tenir compte de sa noble patience, a voulu lui briser,
quoiqu'il l'eût déjà bien ébréchée, et que ce ne fut qu'en déses-
poir de cause qu'elle fit voir tout ce que peut la force de la
majorité d'une grande nation, et leur faire comprendre que le
succès d'une révolution vient toujours d'en haut et jamais d'en
bas, et qu'il faut plus que des bras retroussés pour l'amener à
un honorable et salutaire résultat !

Permettez-moi, Messieurs, de vous proposer une mesure, que
j'indique, non comme un moyen curatif, mais du moins comme
palliatif, qui serait de retirer au jury les jugemens en matière
de délits de la presse, et d'investir de ce droit les juges de nos

cours royales , en appliquant les lois de septembre dans toute leur étendue, et d'exiger que chaque article de journal fût signé par son auteur qui en serait responsable solidairement avec le gérant.

Souffrez , je vous prie , que j'aie l'honneur de vous soumettre quelques observations qui se rattachent à ce sujet.

Voyons un peu si l'article 7, dans son acception sans la moindre exception , est bien en harmonie avec nos mœurs et le caractère de notre nation , et si, au lieu d'être pour nous la source vitale de notre société , comme on a eu l'imprudence de le croire jusqu'aujourd'hui il ne lui est pas plutôt fatal !

Louis XVIII, qui nous a donné notre Charte constitutionnelle à l'instar de celle d'Angleterre, sans aucune exception, avait-il bien la connaissance exacte du caractère distinct des deux nations et de leur position respective? j'en doute ; ou n'avait-il pas , en l'octroyant, une arrière-pensée? Ne s'en serait-il servi que comme planche de salut pour favoriser sa rentrée chez nous ? Je suis du grand nombre de ceux qui sont portés à le croire.

Sans prétendre vouloir, je vous prie bien de le croire Messieurs, ravaler en quoi que ce soit les hautes qualités qui nous distinguent du peuple anglais ; j'éprouve le besoin de faire à chacun des deux peuples la part des vertus comme des imperfections qui lui est due.

Le peuple anglais par sa nature est en général d'un caractère froid, grave, penseur et prudent, d'un grand patriotisme que lui commande d'ailleurs sa position ; il porte le plus profond respect au prestige de sa monarchie ainsi qu'aux lois de son pays. Le vote universel chez lui est sans le moindre danger pour le pouvoir, toute l'immense fortune du pays étant entre les mains du grand tiers de sa population , aussi l'aristrocratie de l'argent est toujours sûre d'obtenir le mandat de représentant du peuple au moyen de quelques sacrifices au besoin.

Si parfois la classe du peuple, victime à l'excès de l'égoïsme des riches, se rassemble en masses nombreuses pour réclamer des lois protectrices, ces réunions n'ont jamais un caractère effrayant ni pour l'autorité ni pour les habitans neutres de leur grande cité, qui les voient passer avec sécurité tout en formant des vœux pour l'accomplissement de leurs souhaits ; souvent un seul agent de police au milieu de 7 à 800 révoltés parvient à les ramener à l'obéissance, et à l'ordre, sans qu'il lui soit adressé la moindre injure; et si ces réunions ont pris depuis quelques temps un caractère un peu hostile c'est du à l'excitation d'une quantité considérable de réfugiés politiques de diverses nations qui reçoivent chez lui l'hospitalité et des secours.

Pour quoi la classe du peuple anglais, jusqu'à la plus infime, est-elle plus facile à conduire que la nôtre? par sa nature d'abord, qui n'est ni impressionnable ni méchante, mais encore à l'excessive prudence de son gouvernement qui toujours vise au solide, qui ne voit pas comme chez nous les choses en grand pour ne les faire qu'en petit. D'abord son code pénable et d'une excessive et salutaire sévérité; il ne se laisse pas entrainer, comme chez nous par une aveugle et dangereuse philantrophie, il sait que l'honnête homme seul à le droit de vivre, et que celui qui a quitté l'île de la vertu par le crime n'y peut jamais rentrer quand il en est dehors, aussi punit-il la moindre infraction à l'honneur par la déportation, et fait voguer sur les mers tous les vagabonds; par cette solutaire mesure la classe du peuple n'est pas en danger d'être corrompue par le contact pestilentiel des scélerats.

En est-il de même chez nous? hélas ! non, et cela est dù à l'incurie de tous les gouvernemens qui se sont succédé jusqu'au nôtre y compris, qui n'ont jamais voulu extirper du sein

de notre belle cité principalement ces milliers de scélérats,
dont le nombre angmente d'une manière effroyable par l'im-
puissance de nos lois pénales, que ne fait qu'affaiblir encore le
chapître des circonstances atténuantes que le jury applique aux
crimes les plus caractérisés et patents ; qui non-seulement y ap-
portent la désolution et l'effroi, mais corrompent par leur
contact dangereux, la classe du peuple, déjà fort turbulente, impressionnable et méchante par sa nature, et toujours prête à
servir d'auxiliaires aux partis extrèmes.

Aussi, voyez-là dans les émeutes, le regard altéré de sang,
la menace sur les lèvres, tout en heuglant la *Marseillaise :*
« *Allons enfans de la patrie, le jour de gloire est arrivé,* » en-
foncer les boutiques pour s'y livrer au pillage et à la recherche
des ustensiles de mort et de destruction, en menaçant de frapper
le chef de l'établissement violé s'il lui oppose la molndre obser-
vation, et si quelqu'un dans la rue ose lui faire quelques sages
remontrances, il est menacé de mort ; au surplus, les horreurs
commises tout récemment par cette populace furieuse est un
fait suffisant pour bien la caractériser.

Ainsi, Messieurs, il vous est facile de voir par cet exposé, si
ce qui est sans inconvénient pour l'un des deux peuples n'est
pas funeste à l'autre !

Il est vraiment pénible d'être dans la nécessité de convenir
qu'il est trop de gens chez nous ingouvernables et d'autres qui
n'ont ni foi ni loi, qu'on ne peut forcer à respecter l'honneur et
les convenances sociales qu'en les y contraignant par le châti-
ment le plus sévère.

Je ne saurais donc trop vous répéter, Messieurs, qu'il est
temps d'obliger, sous les peines les plus exemplaires, tous ces
écrivains flibustiers, industriels, politiques, à ne plus mettre
dans leur encre de salpêtre, d'arsénic et de boue.

Assurément, notre gouvernement a montré depuis dix ans

assez de tolérance et de patience pour savoir à quoi s'en tenir sur les causes funestes de la presse incendiaire ; et à ceux qui osent dire que l'autorité l'a déjà garottée, on peut leur jeter à la figure le premier numéro venu, soit du *National*, du *Charivari*, du *Corsaire* et de tant d'autres, pour leur donner le plus formel et le plus positif démenti ; ainsi donc il ne peut être accusé d'avoir agi sans connaissance de cause et sans motifs plausibles.

Quel que soit, Messieurs, le moyen que vous suggérera votre patriotisme, soyez certains que les dignes citoyens l'accueilleront avec autant de joie que de reconnaissance.

J'éprouve le besoin, en finissant, de vous faire mes excuses d'avoir, malgré mon ignorance dans l'art d'écrire correctement, osé entreprendre une tâche aussi délicate que difficile pour moi, mais je ne doute pas que vous m'excusiez en faveur de mon patriotisme, qui a poussé ma témérité déjà en 1832, lorsque je réclamai, comme aujourd'hui, des mesures énergiques et de prudence pour arrêter le fléau des principes anarchiques, jusqu'à oser me servir du style du Parnasse qui me fut inspiré par mon ancien et célèbre confrère, maître Adam, tant il est vrai que les fortes impressions de l'ame aiment à chercher dans la rime une issue à leur épanchement. — J'avais bien envie de laisser en repos et ma prosodie et ma verve poétique en m'en rapportant à la prudence de notre gouvernement, mais le dernier attentat contre la vie de notre digne monarque a fait naître une indignation que je ne puis maîtriser.

Quoi ! me suis-je dit, pas une plume habile et courageuse ne réveillera le pouvoir de son inertie sur les dangers qui le menacent ! Ne lui montrera pas du doigt le cancer qui nous ronge ! Quand l'apologie des principes les plus subversifs et les plus dangereux, et que la réfutation la plus éhontée et la plus mensongère trouveront des Lamennais ! Allons du courage et mettons nous à l'œuvre, et que notre indignation nous serve de Mécène et d'Apollon ; un patriotisme pur, du bon sens aidés par la vérité, prouvent mieux que l'imposture et l'apostasie ornées de fleurs de rhétorique.

Souffrez, je vous prie, Messieurs, que j'aie l'honneur de vous soumettre quelques maximes politiques que j'ai faites en mauvais vers pour résumer ma prose plus mauvaise encore, qui, bien que dépourvus du charme de l'esprit, vous paraîtront dire et prouver quelque chose.

Alceste le grondeur, que fait parler Molière,
Nous dit que le bon sens fait jaillir la lumière,
Et que trop souvent un esprit érudit,
A vouloir trop briller l'éteint ou l'obscurcit.

J'OBSERVE A LA GÉNÉRALITÉ :

« La force d'un grand peuple et son autorité
» Sont dans les vœux émis par la majorité.
» Tous dignes citoyens doivent obéissance
» Aux décrets émanés de sa haute puissance :
» Ils peuvent librement, en vertu de la loi,
» Contrôler ses arrêts , mais avec bonne foi.
» En se montrant toujours censeurs prudens et sages;
» Mais si des écrivains à doctrines sauvages,
» De ces industriels faisant argent de tout ,
» N'ayant ni foi ni loi n'inspirant que dégoût,
» Peuvent des passions en exploiter la haine,
» Nous lâcher l'hydre affreuse en lui rompant sa chaîne ;
» Et vomir le blasphême audacieusement;
» Ainsi que le mépris tous les jours hautement ;
» Mettre la Monarchie et nos lois en problême,
» Que deviendra la France avec un tel système ?
» Si Dieu, du haut des cieux, de son foudre vengeur,
» N'y rétablit soudain la paix, l'ordre et l'honneur.
» Et que, de sa puissante et divine parole,
» Y fasse respecter sa brillante auréole ! »

AU POUVOIR EN PARTICULIER :

« Un pouvoir, quel qu'il soit, qui souffre la licence,
» Compromet le pays et sa propre existence.
» Toutes les passions déchaînant leurs fureurs,
» Font naître l'anarchie et toutes ses horreurs. »

AUX UTOPISTES :

« Que toujours le passé, surtout en politique,
» Eclairant votre esprit, forme votre logique.
» Le chemin de l'erreur est rapide et glissant ;
» Qui veut trop y marcher vers le crime descend (1).

A CERTAINS DÉPUTÉS,

qui ont la manie de faire de trop longs discours, qui fort souvent n'aboutissent qu'à retarder la législature.

» Quel fruit peut-on tirer de brillantes paroles,
» Si le sens en est faux et ne sont qu'hyperboles ?
» Visez moins à l'effet et faites moins d'esprit ;
» Consultez la raison et ce qu'elle prescrit,
» Et que de votre temps les heures précieuses
» Ne se consument pas en paroles oiseuses ! »

J'ai l'honneur de vous prier, Messieurs, de croire que je ne suis conduit dans ma démarche que par un sentiment de pur patriotisme, tout-à-fait exempt d'aucun intérêt personnel. Cependant, je ne dois pas me borner à vous faire ma profession de foi politique. Je sens la nécessité de dire à nos adversaires, si féconds en suppositions perfides, qui pourraient accuser le pouvoir de m'avoir fait agir secrètement, qui je suis et

(1) Aux Barbès et tant d'autres.

quelle est ma position sociale : Je suis enfant du peuple n'ayant d'autre instruction que celle que j'ai puisée à l'école de l'expérience, science positive qu'a fortifiée un bon tact. — Je ne connais ame qui vive parmi nos sommités gouvernementales, que par les rapports publics. — Je dois à mon ordre et à mon économie une position aussi douce qu'honorable, qui me procure une indépendance que je ne changerais pas pour l'emploi le plus lucratif, si j'étais même en état de le remplir. Je n'ai d'autres rapports avec le gouvernement, que d'aller lui payer, avec zèle, mes contributions.

Je m'estimerais mille fois heureux, Messieurs, si, au travers de l'incorrection de mon style, et le décousu de mes idées, vous pouvez apprécier le sens de ma pensée, en exhaussant mes vœux qui seront toujours pour le bonheur de mon pays et pour la conservation des jours de notre digne monarque, si précieux pour la France.

Daignez agréer,

Messieurs les Députés,

l'assurance de mon profond respect,

E.-L. SANDEMOY,
Contribuable.

Paris, le 29 novembre 1840.